LE
DROIT DES MINORITÉS

PARIS. — TYPOGRAPHIE DE CH. MEYRUEIS

RUE CUJAS, 13. — 1867.

LE

DROIT DES MINORITÉS

PROBLÈME ÉLECTORAL

SOLUTION

LETTRE A M. ÉMILE DE GIRARDIN

PAR J. V. B.

> Il y a dans l'article de M. Laboulaye une ligne que nous voudrions que tous les électeurs gravassent dans leur mémoire. Cette ligne, c'est celle-ci : « Tel est le pays, telle doit être la Chambre. »
> Oui, voilà bien le programme. *Reste à choisir le mécanisme le meilleur.*
> (*Liberté* du 19 septembre 1867.)
> E. DE GIRARDIN.

PARIS

<table>
<tr><td>CH. MEYRUEIS
43 ET 45, RUE DES SAINTS-PÈRES</td><td>DENTU
GALERIE D'ORLÉANS, PALAIS-ROYAL</td></tr>
</table>

Vous avez rendu compte, dans la *Liberté* du 19 septembre dernier, d'un article publié par M. Edouard Laboulaye sur l'*Egalité des suffrages*.

Vous adoptez la formule : *Tel est le pays, telle doit être la chambre*. Mais d'accord avec lui sur le but, vous différez sur les moyens.

Pour vous, Monsieur, la question est résolue par un collége unique pour la France entière, et un bulletin de vote ne portant qu'un seul nom.

Que demande votre honorable contradicteur ? Une simple modification à votre système. C'est-à-dire, qu'en maintenant la division par circonscriptions, telle qu'elle existe aujourd'hui, on convienne que les voix données à un candidat, dans les différentes circonscriptions, lui soient comptées pour parfaire l'appoint nécessaire à son élection.

Ce qui revient à dire : un collége unique pour la France entière, et un candidat unique pour chaque électeur.

Où vous différez essentiellement, c'est dans les conditions

de majorité pour être élu : vous voulez que la *majorité relative* décide de l'élection.

M. Edouard Laboulaye demande que le nombre minimum de voix, pour être élu, soit fixé par la loi.

La *majorité relative* n'étant autre chose que le droit d'élire donné au plus *grand nombre*, vous rentrez, sans le vouloir, dans le mode actuel.

La *majorité absolue*, que demande M. Edouard Laboulaye, ne peut être fixée à l'avance, puisqu'elle dépend de quantités essentiellement variables (le nombre d'électeurs prenant part aux élections.)

Ainsi, à mon avis, l'un et l'autre mode pèchent par la règle qui les fait fonctionner.

Voulez-vous permettre à un simple arithméticien d'intervenir dans le débat, non pour discuter la question de système, c'est-à-dire la question politique, mais pour rechercher d'après quel principe la règle qui détermine le droit des électeurs doit être appliquée à l'élu ?

Dès qu'il s'agit de quantités, fixes ou variables, déterminées ou indéterminées, c'est à l'arithmétique qu'il faut avoir recours pour résoudre utilement les questions qui s'y rattachent.

Le problème est complexe : pour en trouver la solution, il faut, au préalable, le ramener à une, ou plusieurs questions simples.

Tel est l'objet du travail que je prends la liberté de mettre sous vos yeux. J'espère que, sous ce rapport, il aura quelque intérêt pour vous, Monsieur, comme pour tous ceux qui pensent qu'en dehors du droit pour tous, on ne rencontre que l'arbitraire.

PROBLÈME.

Un problème bien posé est à moitié résolu, dit-on. Je ne saurais donc mieux faire que de vous en emprunter la rédaction.

« Les minorités ayant le même droit que les majorités à être représentées, trouver le moyen de concilier ces deux droits, en apparence opposés, de telle sorte que, *majorités* et *minorités*, exactement additionnées, soient toutes fidèlement représentées. »

(1848. *Presse*. — E. DE G.)

Vous ajoutez :

« La chambre doit être l'image parfaite de la France ; elle doit être, en quelque sorte, la carte politique du pays, réduite sur une échelle dont les degrés se calculent d'après *le nombre des représentants à élire*. »

Enfin, et comme si vous vouliez faire mettre le doigt sur le moyen de résoudre le problème, vous ajoutez :

« Dès qu'il existera un *instrument* d'une justesse incontestable pour mesurer l'opinion, tous les partis politiques, tous les débats stériles s'éteindront... »

Qui est-ce qui nous donnera, Monsieur, la clef de ce difficile problème ?...

Evidemment un grand penseur.

C'est à l'auteur du *Contrat social* qu'il faut la demander, et il nous la donnera en ces termes :

« Pour tâcher de donner une idée des divers rapports qui peuvent régner entre ces deux extrêmes (le peuple et le gouvernement), je prendrai pour exemple le *nombre* du peuple comme un rapport plus facile à exprimer.

« Supposons que l'Etat soit composé de *dix mille citoyens*. Le souverain ne peut être considéré que collectivement et en corps. Mais chaque particulier, en qualité de sujet, est considéré comme individu. Ainsi le souverain est au sujet comme *dix mille est à un ;* c'est-à-dire que chaque membre de l'Etat n'a, pour sa part, que la *dix-millième* partie de l'autorité souveraine quoiqu'il lui soit soumis tout entier.

« Que le peuple soit composé de *cent mille hommes*, l'état des sujets ne change pas, et chacun porte également tout l'empire des lois, tandis que son *suffrage*, réduit à un *cent-millième*, a dix fois moins d'influence dans leur rédaction. »

Aussi, Rousseau en conclut-il que plus l'Etat s'agrandit, plus la liberté diminue.

A notre point de vue, plus le *nombre* des électeurs augmente (celui des représentants restant le même), plus la *valeur* des voix diminue.

Il suit de là qu'il ne faut pas confondre deux choses parfaitement distinctes : le *nombre* des suffrages et la *valeur* des voix, si l'on veut donner au problème posé une solution mathématiquement exacte.

DE LA VALEUR DES VOIX ET DU DROIT D'ÉLIRE.

En divisant le nombre des électeurs votants par le nombre des députés à élire, on obtient un quotient qui fixe à la fois le droit collectif et la valeur des voix.

Exemple : 3,000,000 d'électeurs pour 300 députés à nommer, donnent :

10,000 pour le *droit* d'élire.
et 1/10,000, pour la *valeur* des voix.

Tout groupe de 10,000 et au-dessus est donc *majorité*, et tout groupe inférieur à ce nombre est *minorité*.

Dans le mode actuel (le vote par circonscriptions ne nommant qu'un seul député), le droit d'élire appartient nécessairement à une fraction de l'entier. Cette fraction étant de la moitié plus un, 5,001 électeurs forment la *majorité*, et 4,999 la *minorité*. Conséquemment, la règle qui fait le député détruit le principe sur lequel repose le droit d'élire. Donc, il faut trouver une autre règle.

MOYEN DE FIXER LA VALEUR DES VOIX.

Pour fixer la valeur des voix, il suffira du raisonnement suivant :

Si 10,000 électeurs prennent part au scrutin, la voix de chacun d'eux est égale à. 1/10,000
Si 20,000 y prennent part, la valeur est de   1/20,000
Si 30,000 y prennent part, la valeur est de   1/30,000
Si 40,000 y prennent part, la valeur est de   1/40,000
Si 50,000 y prennent part, la valeur est de   1/50,000
et ainsi de suite pour un plus grand nombre.

En ramenant les fractions ci-dessus à leur plus simple expression, on trouve que :

Dans le 1ᵉʳ cas, la valeur est. . . . 1 unité,
Dans le 2ᵉ cas, la valeur est. . . . 1/2 —
Dans le 3ᵉ cas, la valeur est. . . . 1/3 —
Dans le 4ᵉ cas, la valeur est. . . . 1/4 —
Dans le 5ᵉ cas, la valeur est. . . . 1/5 —
et successivement, la voix vaudra : 1/6, 1/7, 1/8, 1/9, 1/10, etc., etc.

DE LA RÉPARTITION TERRITORIALE ET POLITIQUE.

En fixant le nombre des députés à élire, le législateur a voulu faire, en même temps, la part des populations (que j'appellerai : part territoriale), et la part des électeurs (que j'appellerai : part politique).

De là est né le mode d'élection par scrutin de liste. Mais la *règle* qui le fait fonctionner (la majorité relative) ne sauvegarde le droit de personne.

On en est revenu au mode actuel, laissant ainsi à une division géographique le soin de régler la part politique des électeurs, mais sans obtenir néanmoins un meilleur résultat au point de vue du droit des minorités.

Pourquoi n'a-t-on pu trouver une règle utilement applicable au mode d'élection par scrutin de liste ?

C'est uniquement parce qu'on n'a fait aucune distinction entre le *nombre* des suffrages et la *valeur* des voix, ainsi qu'on le verra par la suite.

Je le répète, en dehors du principe indiqué par Jean-Jacques Rousseau (la valeur des voix), le problème est insoluble.

DU DROIT DES GROUPES.

Supposons un département ayant 5 députés à nommer, et le collége comptant 50,000 électeurs *votants*.

Le droit, pour chaque électeur sera égal a 5/50,000, ou à 1/10,000, valeur des voix.

Le droit collectif étant de 10,000 unités, le droit de chaque groupe sera égal à sa force numérique.

Donc :

1 groupe	de 10,000	électeurs	aura droit	à 1 député,
1 —	de 20,000	—	—	à 2 députés,
1 —	de 30,000	—	—	à 3 députés,
1 —	de 40,000	—	—	à 4 députés,
1 —	de 50,000	—	—	à 5 députés.

DE LA RÈGLE.

La règle doit découler, d'une part, du droit des majorités, fixé par la loi ; et, d'autre part, du droit des groupes établi ci-dessus.

Conséquemment, dès qu'il faut être 10,000 électeurs pour être représenté, il faut également dix mille voix pour être élu.

Tout candidat qui obtient moins de dix mille voix, représente un groupe qui peut avoir un droit *proportionnel* à l'élection d'un député, mais non un droit *absolu*.

Ainsi, dans l'exemple ci-dessus, le nombre 10,000 forme la majorité *absolue* : et, une quantité moindre, une majorité *relative*.

Une autre règle découle du droit des groupes : ce droit étant de nommer, suivant sa force numérique, un ou plusieurs députés, il en résulte que tous les électeurs ont le droit de voter pour autant de candidats qu'il y a de députés à nommer dans le collège.

Cette règle, combinée avec la *valeur* des voix, est essentielle, indispensable, ainsi qu'on va le voir.

Je viens d'établir que le droit des électeurs est de nommer un nombre de députés proportionnel à la force numérique du groupe auquel ils appartiennent ; et comme cette force numérique ne peut être exactement connue qu'après le dépouillement du vote, si l'on réduit le bulletin *à un seul nom* porté par chaque électeur, on arrivera au résultat suivant :

Les 50,000 électeurs étant unanimes dans le choix du candidat, on n'aura qu'un député, sur cinq qu'il s'agit de nommer. Conséquemment, l'élection exigera cinq scrutins successifs.

Sans doute, cette *unanimité* n'existera pas :

Supposons donc que les électeurs se divisent en deux groupes : l'un de 10,000, l'autre de 40,000.

Chaque bulletin ne portant qu'un seul nom, on n'obtiendra que deux députés au premier tour, et deux au second. Il restera un député à nommer.

Au troisième tour de scrutin, deux noms sortiront de l'urne ; l'un ayant 40,000 voix, l'autre 10,000 voix.

Le plus grand nombre l'emportant (d'après votre règle), le groupe de 40,000 électeurs aura nommé trois députés, et le groupe de 10,000 en obtient deux.

Voilà déjà, Monsieur, que nous arrivons à un résultat qui renverse le principe de proportionnalité ci-devant établi, sans compter qu'aux deux premiers tours de scrutin, les candidats sont élus sans que votre règle de la *majorité relative* fonctionne ; elle ne s'applique qu'au dernier tour, et, par cette seule circonstance qu'il n'y a que cinq députés à nommer; car, s'il eût fallu six députés, le groupe de 10,000 électeurs en eût obtenu un de plus, c'est-à-dire trois, et le groupe de 40,000, trois également : inégaux en force, vous les faites égaux en droits.

On voit tout de suite que, d'après votre système, les électeurs devront s'entendre, au préalable, pour former cinq groupes seulement, et chaque groupe votant pour un nom différent ; car, s'il se forme plus de groupes qu'il n'y a de députés à nommer, en d'autres termes, si les électeurs adoptent plus de cinq candidats, on aura des minorités non représentées.

Je ne pousserai pas plus loin ma démonstration.

J'ai dit, Monsieur, que votre système pèche par la règle qui le fait fonctionner ; je crois l'avoir démontré jusqu'à l'évidence.

Pour créer un système dans les conditions de votre programme, il faut, sans nul doute, une certaine dose d'imagination. Je ne prétends lutter avec vous, Monsieur, ni en politique ni en science d'aucune autre sorte.

Ce sont donc encore les chiffres que je vais faire parler pour démontrer l'utilité des règles que j'ai indiquées et qui résultent des principes posés par vous-même, Monsieur, dans le problème qu'il s'agit de résoudre.

Je ne crée rien ; je me borne à réunir en un seul mode électoral (remarquez que je ne dis pas : *système* électoral), les deux modes connus pour n'en faire qu'une seule et même chose, que j'appellerai, si vous voulez :

« MODE COMPOSÉ, »

Et je dirai :

Le scrutin de liste répond à la répartition *territoriale*.

Le scrutin par circonscriptions répond à la répartition *politique*.

La loi règle la répartition territoriale et fixe le droit pour être représenté, de même que le droit pour être représentant. Mais la loi n'intervient nullement dans le côté moral de la question, la part de l'opinion. Cette part, est-ce que les électeurs la font? Il suffit que chaque électeur se rappelle que le droit d'être représenté est *collectif* et que le droit de choisir lui est nécessairement subordonné. En se séparant, par son vote, du groupe qui représente ses opinions ou ses intérêts, l'électeur s'isole et tombe dans les minorités sans droit.

Pour établir le mode composé dont je viens de parler, il suffit de comparer entre eux les deux modes simples et d'établir en quoi ils diffèrent et en quoi chacun de ces modes se rapproche ou s'éloigne du problème à résoudre.

MODE ACTUEL.

Département de***. — 5 députés à élire.

1re Circonscription.	2e Circonscrip.	3e Circonscrip.	4e Circonscrip.	5e Circonscrip.
URNE	URNE	URNE	URNE	URNE
UN SEUL NOM sur le bulletin.	— » —	— » —	— » —	— » —
Majorité absolue. La moitié plus un	Idem.	Idem.	Idem.	Idem.

MODIFICATIONS NÉCESSAIRES. { Abattre les barrières et conserver la division en 5 urnes. Modifier les conditions de majorité pour être élu.

MODE PAR SCRUTIN DE LISTE.

Département de*. — 5 députés à élire.**

> **— URNE UNIQUE —**
>
> BULLETIN DE 5 NOMS.   MAJORITÉ RELATIVE.
> (Le droit au plus fort.)

SYSTÈME INCOMPLET.
—
RÉSULTAT ABSURDE.
—
Preuve : 100 électeurs formant

3 GROUPES. { 34 auront 5 députés; 33 } 66 ne seront pas 33 } représentés.

Rétablir la division politique, en conservant les 5 urnes.

Modifier les conditions de majorité pour être élu, dans l'une ou l'autre des 5 urnes.

MODE COMPOSÉ OU MODE MATHÉMATIQUE.

DIVISION POLITIQUE.
5 urnes.

5 BULLETINS d'un seul nom chacun.

1re URNE. — Majorité absolue.	1/5 des voix.	
2e URNE. — — —	2/5	—
3e URNE. — — —	3/5	—
4e URNE. — — —	4/5	—
5e URNE. — — —	5/5	—

N. B. Les voix données à un même candidat, dans les diverses urnes, lui sont comptées pour leurs valeurs respectives.

Contentons-nous, pour le moment, si vous le voulez bien, Monsieur, de ce simple croquis que j'appellerai avant-projet, et voyons si le problème se trouve ainsi résolu. — Supposons 50,000 électeurs votants :

S'ils sont unanimes dans le choix des candidats, ils donneront la majorité *absolue* à chacun d'eux, quelle que soit l'*urne* où le bulletin ait été déposé.

S'ils se divisent en deux groupes, l'un de 40,000, l'autre de 10,000 :

Le groupe de 40,000 ne pourra donner la majorité absolue que dans les quatre premières urnes, puisque dans la 5ᵉ, il faudrait 50,000 voix.

Le groupe de 10,000 ne pourra faire un député que dans la 1ʳᵉ urne, puisque dans la 2ᵉ déjà, il faut les 2/5 des votants, ou **20,000** voix.

Il sera facile de vérifier le résultat, pour d'autres divisions du groupe général, et on trouvera toujours que chaque groupe sera représenté dans la proportion de sa force numérique.

On pourra dire que les groupes ne se diviseront pas en nombres exacts de **10, 20** et **30,000**, etc.

On pourra critiquer les cinq urnes, dont la dernière au moins paraît inutile, etc., etc., etc.

N'oublions pas, je vous prie, que ce n'est ici qu'un avant-projet et qu'il me faut le temps de classer mes idées si je veux être compris.

N'êtes-vous pas déjà d'avis, Monsieur, que nous sommes dans la bonne voie?

Je continue donc l'exposé de mon plan avec la confiance que vous daignerez me prêter un moment d'attention de plus.

Vous avez dit avec raison, Monsieur, que la première condition d'un système électoral, c'est d'être simple, c'est d'être à la portée des intelligences les plus étroitement ouvertes.

Je serai parfaitement d'accord avec vous, si vous me permettez de distinguer entre ces deux termes, système et mode, qui ne sont point synonymes.

Le système repose sur des principes vrais ou faux. Il est bon ou il est mauvais.

Le mode ne serait, selon mes faibles lumières, que la manière d'être du système.

Le système fonctionnera d'autant mieux que le mode, ou la manière de le mettre en action, sera simple, c'est-à-dire, débarrassé de tout rouage inutile.

Le système; vous l'avez formulé dans le problème posé; il est de vous seul.

Le mode que je formule sera plus de vous que de moi, Monsieur, puisque vous me l'avez inspiré. S'il est bon, c'est que votre système repose sur des principes vrais; s'il est mauvais, il ne faudra s'en prendre qu'à l'ouvrier trop au-dessous de sa tâche pour faire mieux.

Je poursuis l'exposé de mon plan.

DU BULLETIN DE VOTE.

Le bulletin de vote est l'*instrument* destiné à mesurer l'opinion. Si nous transportons les *urnes* sur le bulletin, il suffira d'une urne sur la table pour recevoir tous les bulletins qui seront déposés par les électeurs. — Voilà déjà que nous simplifions.

Traçons maintenant les règles à suivre :

1° *Le bulletin de vote* est divisé en autant de cases, ou sections, qu'il y a de députés à nommer.

2° Chaque case ne contient qu'un nom.

3° L'électeur a le droit d'inscrire un nom dans chaque

case ; en d'autres termes, il a le droit de voter pour autant de candidats qu'il y a de députés à nommer dans son département.

4° La *valeur* des voix, dans chaque section politique, est déterminée par le numéro qu'elle porte :

1re section, valeur de chaque voix : 1 unité,
2e —   —   —   1/2 —
3e —   —   —   1/3 —
4e —   —   —   1/4 —
5e —   —   —   1/5 —

etc., etc.

5° Les voix données à un même candidat, dans les diverses sections, lui seront comptées pour leurs valeurs respectives.

6° Le candidat est élu à la *majorité absolue*, fixée pour chaque section politique.

Cette majorité est égale au droit qu'ont les électeurs à être représentés.

Conséquemment,

Pour 3 députés à nommer, le droit des électeurs étant de 1/3,
            la majorité sera   1/3 des voix
Pour 4 députés   —   —   —   1/4   —
Pour 5 députés   —   —   —   1/5   —
Pour 6 députés   —   —   —   1/6   —
Etc., etc.

De telle sorte que les voix données, dans chaque section, étant ramenées à l'unité, la *majorité absolue* reste la même pour toutes les sections.

7° Tout candidat ayant obtenu la majorité *absolue*, dans l'une ou l'autre section, est élu de *droit*.

8° Lorsque le nombre des candidats qui auront obtenu la

majorité *absolue* n'atteindra pas celui des députés à élire, c'est la majorité *relative* qui décidera de l'élection, de telle sorte que tous les députés soient élus en un seul tour de scrutin.

————————

9° Etc., etc. — Attendu qu'il ne s'agit pas ici d'un projet de loi.

BULLETIN DE VOTE.

Département de*. — 5 députés à élire.**

DIVISION POLITIQUE	MAJORITÉS ABSOLUES	NOMS DES CANDIDATS.	VALEURS DES VOIX.	MAJORITÉS RAMENÉES A L'UNITÉ.
1re Section.	1/5 des voix.	M. A...	1 unité.	1/5 des voix.
2e Section.	2/5 des voix.	M. B...	1/2 »	1/5 des voix.
3e Section.	3/5 des voix.	M. C...	1/3 »	1/5 des voix.
4e Section.	4/5 des voix.	M. D...	1/4 »	1/5 des voix.
5e Section.	5/5 ou l'unanimité	M. E...	1/5 »	1/5 des voix.

On voit qu'en ramenant les voix à l'unité, on obtient une majorité absolue, *uniforme* pour toutes les sections politiques.

Si donc 50,000 électeurs prennent part au scrutin :

Maj. absol.

10,000 voix dans la 1re section,	multipliées par	1,	donneront	10,000
20,000 — dans la 2e —	multipliées par 1/2,	—		10,000
30,000 — dans la 3e —	multipliées par 1/3,	—		10,000
40,000 — dans la 4e —	multipliées par 1/4,	—		10,000
50,000 — dans la 5e —	multipliées par 1/5,	—		10,000

Voyons maintenant le résultat du scrutin :

Si les électeurs sont unanimes dans le choix des cinq candidats, chacun d'eux obtiendra 50,000 voix, et tous seront élus à la majorité absolue, alors même que les électeurs n'auraient pas porté les cinq noms dans le même ordre.

Mais, habituellement, cet accord n'existe pas.

Supposons deux groupes : l'un de 20,000 ; — l'autre de 30,000.

Chaque groupe aura sa liste particulière.

Le groupe de 20,000 ne pourra donner la majorité absolue qu'aux deux premiers candidats, attendu que, dans la 3e section, les 20,000 voix ne donneront que $20,000 \times 1/3 = 6,666$ voix. — Minorité.

Le groupe de 30,000 ne pourra donner la majorité absolue qu'aux trois premiers noms de la liste, attendu que, dans la 4e section, il faut 40,000 voix pour être élu de droit.

Mais les groupes politiques ne se diviseront pas exactement en nombres multiples de 10,000.

Supposons trois groupes, dont la force numérique soit de 9,800 — 13,500 — 27,700.

Le 1er groupe donnera :

Valeur.

Au candidat de la 1re case (ou section), $9,800 \times 1 = 9,800$ voix,
Et aux candidats portés dans les autres sections une *valeur* de plus en plus petite.

Le 2ᵉ groupe donnera :

Valeur.

Au candidat de la 1ʳᵉ section, 13,500 × 1 = 13,500 voix,
Au candidat de la 2ᵉ section, 13,500 × 1/2 = 6,750 —

Le 3ᵉ groupe donnera :

Au candidat de la 1ʳᵉ section, 26,700 × 1 = 26,700 —
Au candidat de la 2ᵉ section, 26,700 × 1/2 = 13,350 —
Au candidat de la 3ᵉ section, 26,700 × 1/3 = 8,900 —

C'est ici que s'applique la règle de la *majorité relative*. Trois députés ont obtenu la majorité *absolue*.

Savoir : Dans la 1ʳᵉ section, { 13,500 — 1 député au 2ᵉ groupe,
{ 26,700 — 1 député au 3ᵉ groupe,
— Dans la 2ᵉ section, 13,350 — 1 député au 3ᵉ groupe,

Que reste-t-il ?

1ᵉʳ groupe, 9,800 } majorité *relative* : 2 députés, { 1 au 1ᵉʳ groupe,
3ᵉ groupe, 8,900 } { 1 au 3ᵉ groupe,
2ᵉ groupe, 6,750 — Minorité.

Ainsi, le 1ᵉʳ groupe obtient 1 député,
le 2ᵉ groupe obtient 1 député,
Et le 3ᵉ groupe obtient 3 députés.
____
Total. . . . . 5 députés.

Donc, toutes les opinions sont représentées dans la proportion de leur force numérique.

DU MOYEN DE COMPTER LES VOIX.

Le droit de l'électeur est personnel quant au choix des candidats ; mais il est collectif quant au droit d'être représenté. Il ne faut donc pas que, par son choix, l'électeur s'isole du groupe politique auquel il appartient par ses opinions ou par ses intérêts.

Supposons, néanmoins, que tout en adoptant les candidats choisis par le groupe, il les inscrive sur son bulletin dans l'ordre de ses sympathies. Il arrivera donc que les candidats auront des voix dans plusieurs sections politiques.

Pierre, par exemple, étant le plus considéré, obtiendra la majorité absolue dans la 1re section, bien qu'il n'aie pas toutes les voix.

Tandis que Jacques, différemment apprécié par les électeurs, n'obtiendra, je suppose :

Dans la 1re section, que 2,000 suffrages valant 2,000 voix ;
Puis, dans la 2e section, 6,000 suffrages « 3,000 —
Il lui faudra, dans la 3e, 15,000 suffrages, « 5,000 —
pour être élu à la majorité *absolue*.

Soit, 23,000 suffrages, représentant 10,000 voix.

Si la force numérique du groupe qui vote pour Jacques ne s'élève pas à **23,000**, Jacques n'a de chance d'être nommé qu'à la *majorité relative*.

DES CANDIDATS.

Si les électeurs se divisent en trois groupes, par exemple, et que chaque groupe ait sa liste particulière de cinq noms, on aura, me direz-vous, Monsieur, 15 candidats pour 5 députés à nommer.

C'est beaucoup, sans doute.

Mais il ne faut pas perdre de vue que, si la force numérique des groupes n'est exactement connue qu'après le dépouillement du scrutin, elle peut être appréciée à peu de chose près dans le pays. Si donc, il y a trois opinions bien tranchées, les trois groupes n'auront que faire de cinq candidats chacun. Ils adopteront, suivant leur force présumée, un, deux ou trois candidats, et le nombre des candidats n'excédera pas de beaucoup celui des députés à élire.

DE LA DIFFICULTÉ DE FORMER LES LISTES.

Dès qu'il faut moins de voix dans la 1re section que dans la 2e pour être élu, tous les candidats voudront être portés en tête de la liste. Est-ce un mal, est-ce un bien ? c'est ce que je ne saurais décider. Mais si la liberté de l'électeur passe avant l'intérêt du candidat, la question est tranchée.

D'UN COLLÉGE UNIQUE POUR LA FRANCE ENTIÈRE.

En principe, moins il y aura de colléges, plus les minorités auront de chance d'être représentées.

A la pratique, ce serait autre chose. Un principe, quelque vrai qu'il soit, n'est jamais absolu, parce qu'il touche à d'autres principes qui le limitent dans son action.

La liberté de l'électeur est aussi un principe qui ne saurait être sacrifié, et il le serait si le cercle d'action du candidat était trop étendu. Les voix se porteraient sur un petit nombre d'hommes de talent, et l'élection générale produirait des résultats opposés à ceux que l'on se propose d'obtenir par la solution du problème.

Le collége unique n'est pour vous qu'un *moyen*. Le but

est la représentation exacte des opinions, des intérêts du pays. Sacrifier le but au moyen n'est point assurément dans votre pensée.

Mais je m'aperçois, Monsieur, que j'empiète sur un domaine qui n'est pas le mien. Veuillez me le pardonner; je retourne bien vite à mes chiffres.

Je ne me dissimule pas qu'il s'agit ici d'une question qui n'est point actuelle. Je n'ai donc travaillé qu'en vue d'un avenir fort problématique. Qu'importe!

D'ailleurs, les meilleures idées ont besoin de mûrir. Si mon travail a quelque valeur, la critique et le temps l'amélioreront. En vous l'adressant, je le mets sous votre patronage. Si vous le jugez digne de cette faveur, je me réjouirai d'avoir, avec quelque succès, consacré mes veilles au bien de mon pays.